INHALT

2
4
5
8

18 Ein Muß: Der Königsstuhl

30 Die schönste Tagestour

34 Das besondere Souvenir

36 Essen und Trinken

40 Rügen am Abend

42 Übernachten auf Rügen und Hiddensee

44 Aktive Freizeit

46 Was Kindern Spaß macht

48 Museen und Naturdenkmäler

54 Die schönsten Ausflüge

58 Nützliche Tips und Adressen

61 Feste und Veranstaltungen

63 Text- und Bildnachweis

64 Stichwortverzeichnis

Straßenkarte im Einband hinten innen

Freizeitkarte auf dem Einband hinten außen

Steilküste von Jasmund (oben). – Fischer in Baabe (Mitte). – Haus in Bergen (unten).

WILLKOMMEN AUF DEN INSELN

Den einen Ferienparadies, den anderen Romantikerinsel, verbindet sich mit Rügen die Vorstellung langer Alleen und weißsandiger Strände. Hiddensee, einst Sommerdomizil berühmter Leute, fasziniert mit seiner Ursprünglichkeit.

Rauschende Blätter: Auf Rügen gibt es noch viele Alleen.

Die Landschaft Rügens

Noch immer bestimmen die Gemälde des großen Romantikers Caspar David Friedrich die gängige Vorstellung von Deutschlands größter Insel in der Ostsee.
Wir denken an gewaltige Kreidemassive mit schluchtartigen Einschnitten als die größte landschaftliche Attraktion der Insel Rügen, an Großsteingräber und slawische Wälle, an riesige Findlinge, dichte Buchen- und Kiefernwälder. Und natürlich an die Ostsee in all ihren Farbschattierungen, die von flaschengrün bis bleigrau reichen, mal aufgewühlt und mit tosender Brandung, mal glitzernd und spiegelglatt.

Die östliche Hälfte Rügens ist bergig mit dem Piekberg als höchster Erhebung (161 Meter), der westliche Teil flach. Wegen dieser Ge-

Die Fischer in Baabe machen sich zur Ausfahrt aufs Meer bereit.

gensätze auf engem Raum sprachen die Romantiker wohl von einer «dramatischen Landschaft».

Glanz eines Ostseebads: das prachtvolle Kurhaus von Binz.

Sonne, Sand und Meer

Die Rüganer lebten früher vorwiegend von Landwirtschaft und vom Fischfang. Das änderte sich vor fast 200 Jahren, als es Mode wurde, an die See zu fahren. Bald flutete eine Welle von Gästen auf die Insel, und es entstanden zahlreiche Seebäder mit ihren stilvollen Hotels und Pensionen.

Rügen ist heute das ganze Jahr über ein reizvolles Urlaubsziel. Besucher wissen die herrliche Naturkulisse, Störche und Kormorane, die man hier noch beobachten kann, und die berühmten Alleen zu schätzen. Sie kommen zum Surfen und Segeln, zum Wandern, zum Radfahren oder einfach zum Ausspannen hierher.

Und die Rüganer? Man sagt ihnen Wortkargheit nach, und sie reden tatsächlich wenig, schon gar nicht mit jedem. Haben sie aber Vertrauen gefaßt, kommt, was sie sagen, von Herzen.

Hiddensee: das «söte Länneken»

Die im Westen Rügens liegende Insel ist für den privaten Autoverkehr gesperrt. Das «söte Länneken» mit seiner fast südlich anmutenden Landschaft bietet dem Erholungsuchenden Abgeschiedenheit und Ruhe.

Vom Leuchtturm auf dem Dornbusch sieht man über Hiddensee.

Die Inseln auf einen Blick

Lage: In der Ostsee wird Rügen (Mecklenburg-Vorpommern) vom Festland durch den Greifswalder Bodden im Süden, den Strelasund im Südwesten getrennt.

Fläche: Mit 926 Quadratkilometern ist es die größte Insel Deutschlands. Von Norden nach Süden ist sie 40 Kilometer lang, und ihre ostwestliche Ausdehnung beträgt 45 Kilometer.

Bevölkerung: 90 000 Menschen leben hier. Ihre Haupterwerbszweige sind der Fischfang und die Fischverarbeitung – und inzwischen auch der Tourismus.

Hiddensee: Liegt nordwestlich von Rügen und hat eine Fläche von 18 Quadratkilometern, sie ist 17 Kilometer lang und mißt an ihrer schmalsten Stelle 240 Meter. Die etwa 1300 Einwohner leben von Tourismus, Landwirtschaft und Fischerei.

ANREISE
MIT AUTO, BAHN UND FLUGZEUG

Mit dem Auto: Von Berlin die E 55/A 19 bis Ausfahrt Rostock-Ost, dann die meist stark befahrene B 105 nach Stralsund, oder auf der B 96 von Berlin-Oranienburg Putbus. Im Sommer IC (mit Fahrradabteil) Aachen–Hamburg–Binz. Von München: ICE nach Hamburg und von dort über Rostock nach Stralsund/Rügen.

Erholung pur: nicht mit dem Auto, sondern mit der Fähre nach Rügen.

nach Stralsund. Von Hamburg die E 26/A 24 bis Schwerin, dann die B 105 über Wismar oder auf der B 10 nach Güstrow, dann auf die Autobahn bis nach Rostock-Ost und weiter auf der B 105. Über den Rügendamm nach Rügen (Öffnungszeiten der Ziegelgrabenbrücke, bis 28. Mai 1996 geschlossen: 2.30, 7.20, 12.20, 18.15, 21.45 Uhr. Jeweils 20 Minuten, um größeren Schiffen die Durchfahrt zu ermöglichen; Rückstaugefahr!). In der Hauptreisezeit verkehrt eine Autofähre von Stahlbrode nach Glewitz/Rügen.

Mit der Bahn: D-Zug von Berlin-Lichtenberg nach Stralsund und weiter nach Bergen, Saßnitz und

Mit dem Flugzeug: Täglich Berlin-Tempelhof – Rügen-Güttin.

Nach Hiddensee: Von Stralsund verkehren Fahrgastschiffe nach Neuendorf, Vitte und Kloster.

AUF DEN INSELN UNTERWEGS

Wer nicht wandern will, kann auch mit dem Bus zum Königsstuhl fahren.

Mit dem Bus: Die Rügener Personennahverkehrs GmbH unterhält ein dichtes Busnetz. Wer mit der Bahn anreist oder das Auto auf der Insel abstellt, kann mit einer günstigen Umweltkarte zwei Tage alle Busse auf der Insel nutzen. Ausflüge und Stadtrundfahrten organisiert R. Kempe in Putbus, Tel. 03 83 01/605 13. Historische Rundfahrten auf der Insel Rügen bietet Silke König in Sellin an, Tel. 03 83 03/866 72.

Schiffsrundfahrten: Von Baabe, Saßnitz und Sellin; der Schiffsverkehr nach Hiddensee von Schaprode und Wiek. Fahrten mit Fi-

Die Kreidefelsen (oben). – Der «Rasende Roland» (links).

schern auf See und im Mondschein veranstaltet Wünscher in Saßnitz, Tel. 03 83 92/321 80.

Kleinbahn: Fahrten mit dem «Rasenden Roland» von Putbus, Binz, Sellin, Baabe und Göhren.

Badevergnügen am Strand von Baabe.

HIGHLIGHTS AUF RÜGEN UND HIDDENSEE

Deutschlands größte Insel hat ihren Besuchern viel zu bieten: landschaftliche Vielfalt, prähistorische Stätten, nostalgische Badeorte und verträumte Fischerdörfer. Auf Hiddensee wandelt man auf Gerhart Hauptmanns Spuren.

Windanlage bei Altefähr (oben). – In der Nähe von Baabe (Mitte). – Die Pfarrkirche von Altenkirchen (unten).

(Die Ziffern im Kreis verweisen auf die Karte im Einband hinten innen.)

■ **Altefähr** ①. Bevor der Rügendamm gebaut wurde, sicherte der Ort die Verbindung zum Festland. Sehenswert ist die spätgotische *Schifferkirche* mit Votivschiffen. Der Taufkessel aus Kalkstein soll der größte der Region sein. Unter den Grabsteinen auf dem *Friedhof* fällt eine Stele für einen Johann Thomas Vierck (gestorben 1744) auf.

■ **Altenkirchen** ② auf Wittow ist in erster Linie wegen Ludwig Gotthard Kosegarten (1758–1818), der hier von 1792 bis 1802 als Pfarrer lebte, bekannt geworden. Der Theologe und Geschichtsprofessor Kosegarten war zu seiner Zeit nicht nur ein vielgelesener Schriftsteller, sondern eine der einflußreichsten geistigen Persönlichkeiten im norddeutschen Raum. Er korrespondierte mit Goethe, Schiller und Herder, der Maler Philipp Otto Runge war sein Schüler. Einen Besuch wert ist die dreischiffige romanische *Dorfkirche* mit einem Stein, auf dem ein bärtiger Mann zu sehen ist, und der aus Gotland stammende Taufstein (um 1250). Südlich der Kirche liegt Kosegarten begraben.

Die älteste Kirche der Insel ist die Marienkirche in Bergen (oben). Sehenswert sind die kunstvollen Wandmalereien im Innern (unten).

■ **Baabe** ③, eine slawische Gründung, liegt inmitten dichter Laub- und Nadelwälder an der Grenze zur Halbinsel Mönchgut. Jahrhundertelang war Baabe ein Fischerdorf. Der Badebetrieb, 1888 aufgenommen, wurde mit dem Bau eines Warmbads 1905/06 intensiviert. Der gepflegte Badeort mit baumbestandener Promenade, Kurpark und Konzertmuschel besitzt eine weiße, im Baustil völlig untypische *Kapelle* (1930), die aussieht wie von Lyonel Feininger gemalt. Von *Baabe Bollwerk* aus können Schiffsausflüge um die Naturschutzinsel Vilm unternommen werden. Auf dem Selliner See kann man sich nach Moritzdorf übersetzen lassen.

■ **Bergen** ④. Auf dem Boden der slawischen Siedlung Gatmund wurde unter Jaromar I. im Jahr 1180 mit dem Bau der Marienkirche begonnen. Sie war Ausgangspunkt für die Gründung eines Zisterzienserinnenklosters (1193–1539). Im 15. Jahrhundert vollendet, ist die Kirche das älteste Gebäude

«Von Stralsund,
seggt he, nah Ollfähr,
seggt he,
geht'n Dampfer,
seggt he, hen un her.
Von't oll Ding,
seggt he,
is groot G'schrei,
seggt he,
alle Og'nblick,
seggt he,
is't intwei,
seggt he...»
Altes Lied über die Raddampfer von Stralsund nach Altefähr.

> Den **Rügendamm** sollte man einmal zu Fuß queren – am besten im April. Denn auch bei Windstille ist dann das Wasser quirlig bewegt von Fischen: Die Heringsschwärme suchen ihre Laichplätze auf. Das ist die beste Zeit für Angler. Und in den Gärten gehen dann die Schwefelfeuer unter den Räucheröfen gar nicht mehr aus.

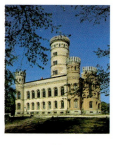

auf der Insel (im Innern sehenswerte Wandmalereien). Vom Marktplatz sollte man zu Fuß zum *Rugard* (Seite 48) und zum *Ernst-Moritz-Arndt-Turm* (Seite 48) hinaufwandern. Auf dem 91 Meter hohen Rugard befinden sich Reste der slawischen Burganlage. Ein Lehrpfad durch den Park ist markiert. Mit dem Bau des Ernst-Moritz-Arndt-Turms wurde 1869 begonnen, 1876 wurde das backsteinrote, 26 Meter hohe Gebäude fertigge-

Der Ernst-Moritz-Arndt-Turm bekrönt den Rugard, einen Burgwall bei Bergen, seit den siebziger Jahren des 19. Jahrhunderts (oben). – Das Jagdschloß Granitz bei Binz wurde im Auftrag des Fürsten Wilhelm Malte von Putbus nach Plänen von Schinkel und Stüler erbaut (Mitte und unten).

stellt. Wer die 80 Stufen zum Aussichtsbalkon hinaufsteigt, hat bei klarem Wetter eine Sicht bis nach Stralsund und zur Insel Hiddensee.

■ **Binz** ⑤. Man sagt, auf jeden Einwohner von Binz, dem größten Ostseebad, kämen zwischen Mai und September zehn Ortsfremde. Doch auch im Winter ist hier Saison. «Seebad» nennt sich der Ort seit 1884, sein Kurhaus wurde nach einem Brand 1906 im Jahr 1908 wieder aufgebaut. Die Strandpromenade, Tennisplätze, eine Kegelbahn, Ruderbootverleih am *Schmachter See*, Minigolfanlagen, Fahrten im offenen Wagen (sogenannte Kremserfahrten) gehören zum

Angebot, eine Seebrücke wurde 1994 fertiggestellt. Angler können ihrem Hobby auf dem Schmachter See nachgehen, Wanderlustige die Nadelholzwälder der Prora und den Buchenforst der *Granitz* durchstreifen.

Von Binz bis zum höchsten Aussichtspunkt der Insel, dem *Jagdschloß Granitz* (Seite 48), fährt Rügens Kleinbahn, der «Rasende Roland», in wenigen Minuten. Das von 1835 bis 1846 nach Plänen Karl Friedrich Schinkels

«Aber das anmutige Land von Rügen wird mir gewiß lang im Gedächtnis bleiben [...] Das Meer ist doch eine große Verschönerung aller Landschaften ...»
Karl Friedrich Schinkel, 1821.

und Friedrich August Stülers erbaute Schloß ragt mit seinem zinnenbewehrten, 47 Meter hohen Aussichtsturm in der Mitte des Gebäudes über die Wipfel der Bäume. Den Turm kann man über die 154 Stufen der Wendeltreppe, einem Meisterwerk aus Gußeisen, besteigen. Von der Plattform bietet sich eine beeindruckende Aussicht.

■ **Breege-Juliusruh** ⑥. Seit 1928 sind die beiden Orte an der Tromper Wiek zu einer Gemeinde zusammengeschlossen. Wer über die Schaabe fährt, den schmalen Landstreifen im Norden der Insel, auf dem Kiefern und Büsche dominieren, ist bald in *Breege*.

Im Ostseebad Binz: der feinkörnige Sandstrand (oben) und die Arkaden vor dem Kurhaus (unten).

Blick von Granitz über die Halbinsel Mönchgut.

Zu sehen gibt es hier eine Doppelreihe typischer *Kapitänshäuser*, die sich bis zum Hafen mit Bollwerk, Fischhallen und einer Fischverkaufsstelle ziehen. Die Häuserreihe rechts mündet in den sogenannten *Hochzeitsberg* mit Häusern aus dem 18. und 19. Jahrhundert. Breege war neben Wiek und Neuendorf-Lauterbach einer der Haupthäfen Rügens. Man fischte im Breeger Bodden, noch heute ist der Fischfang Haupterwerbszweig. Im Ort gibt es eine Surfschule. Von Breege aus verkehren Schiffe nach Hiddensee. In *Juliusruh* sind der 200 Jahre alte Kurpark mit dem Landhaus aus dem 18. Jahrhundert und eine Töpferei beachtenswert.

Rügens berühmtester Dichter **Ernst Moritz Arndt** (1769–1860, oben). – Auf Rügen findet man auch ruhige Plätzchen abseits des Touristentrubels, wie in Breege (unten).

> Der **«Rasende Roland»**, Rügens letzte Schmalspurbahn, legt auf seiner Strecke 24,3 Kilometer zurück. Im Juli 1895 ging der erste Zug auf die Spur (bis Binz). Später wurde die Strecke nach Göhren verlängert. Wer mag, kann Ehrenlokführer werden. Rügensche Kleinbahn GmbH & Co., Putbus, Binzer Straße 2, Tel. 03 83 01/418.

«Eine schöne Eigentümlichkeit von Rügen ist es, daß man hier so viele verschiedene Gegenstände zusammen findet, die man sonst zerstreut antrifft, fruchtbare und bebaute Fluren, öde Heiden, Landengen, Vorgebirge, Meerbusen, Wälder…» Wilhelm von Humboldt, 1796.

■ **Gager** ⑦ auf Mönchgut war wegen seiner abgeschiedenen Lage und wegen der Naturschutzbestimmungen lange Zeit kein Ort, an dem man Urlaub machte. Die Hagensche Wiek stellt aber ein ideales Surfgebiet dar. Von Gager aus kann man mit dem Ausflugsschiff «Wustrow» die Insel Oie umrunden, Hochseetörns und Abendfahrten mit Musik und Tanz machen. Von Gager führen Rad- und Wanderrouten durch das Naturschutzgebiet Zickersches Höft.

■ **Garz** ⑧ im Süden der Insel ist die älteste der vier Städte auf Rügen. Hier soll sich ein Heiligtum für drei slawische Gottheiten befunden haben. Sehenswürdigkeiten sind das *Ernst-Moritz-Arndt-Museum* (Seite 48), die *Stadtkirche* aus der Mitte des 14. Jahrhunderts, die Freilichtbühne am Burgwall und das *Pfarrhaus* mit Schilfdach von 1750.

■ **Gingst** ⑨ im Westen der Insel gilt als bedeutendes Handwerkerdorf. Salzwerker, Böttcher, Stellmacher, Sattler, Weber lebten hier. Seit den siebziger Jahren zeigt das *Handwerksmuseum* (Seite 48) Dokumente zur Geschichte dieser Zünfte. Die *Kirche* von Gingst (1284–1403) wurde nach einem Brand 1726 barock erneuert. Sehenswert in ihrem Innern sind die klassizistische Orgel, Kanzel und Taufbecken (beide barock).

Altar der Dorfkirche in Gingst (oben). – Typisch für Rügen: die blauen Strandkörbe (Mitte). – Zahlreiche Legenden ranken sich um das Leben des Seeräubers Klaus Störtebeker (um 1370–1401, unten).

■ **Glowe** ⑩ liegt an der Schaabe, der schmalen Landbrücke, die Jasmund mit der Halbinsel Wittow verbindet und einen Damm zwischen Tromper Wiek und Großem Jasmunder Bodden bildet. Im Jahr 1314 wurde der Ort zum ersten Mal urkundlich erwähnt. Zu Glowe gehören die Ortsteile Bobbin mit einer *Kirche* ganz aus Feldsteinen (um 1400), Prechow und Ruschvitz, das angeblich Geburtsort des Seeräubers Klaus Störtebeker ist. Zwischen Glowe und Juliusruh erstreckt sich an der Tromper Wiek ein Sandstrand mit FKK-Bereich und erst allmählich tiefer werdendem Wasser – ideal für Kinder und Nichtschwimmer.

■ **Göhren** ⑪ auf der Halbinsel Mönchgut liegt am Fuß des 60 Meter hohen Nordperds, der höchsten Erhebung des Göhrener Höfts. Das Ostseebad hat einen zehn Kilometer

langen steinfreien, feinsandigen Badestrand. Seit 1878 darf sich Göhren «Seebad» nennen, und bereits um die Jahrhundertwende kamen in jedem Jahr im Sommer mehr als 10 000 Gäste hierher.

Für Winterurlauber gibt es ein Seewasserwarmbad, und Göhren bietet auch ein spezielles Winterferienprogramm (20 Kilometer Loipen, Rodelbahn und Rodelhang). Aus der Abgeschiedenheit des Mönchguts bis in die jüngste Zeit erklärt sich auch, das hier alte Bräuche überlebt haben. Dokumentiert sind diese Besonderheiten im Göhrener *Heimatmuseum* (Seite 49). Sehenswert ist der sogenannte *Buskam*, mit 60 Kubikmetern der größte im Wasser liegende Findling aus der Eiszeit in Norddeutschland. Da Göhrens erste Seebrücke 1953 abgetragen werden mußte, entstand 1993 eine neue. Die Holzbrücke ragt 280 Meter weit ins Meer.

In der Nähe von Glowe soll Klaus Störtebeker geboren worden sein (oben). – In Bobbin, einem Ortsteil von Glowe, steht die einzige Kirche der Insel Rügen, die aus Feldsteinen erbaut wurde (unten).

Hiddensee, bekannt als «Künstlerinsel», zieht viele Freunde der Einsamkeit an. Auf der Insel, auf der keine Autos zugelassen sind, scheint die Zeit stehengeblieben zu sein.

Seinen Namen hat **Vitte** nach den Fischanlandeplätzen, die Vitten genannt wurden. Mitten im Ort steht die **Blaue Scheune**, ein beliebtes Fotomotiv. Vor dem Krieg als Künstleratelier genutzt, finden hier heute Kunstausstellungen statt.

■ INSEL HIDDENSEE

Kloster ⑫ ist das kulturelle Zentrum der Insel. Am Ortseingang findet sich das *Heimatmuseum* (Seite 49). In Kloster hat auch die *Gerhart-Hauptmann-Gedächtnisstätte* (Seite 49) ihren Sitz. Sehenswert sind die *Inselkirche* von 1332 und der Friedhof mit interessanten Grabplatten. Hier liegt Gerhart Hauptmann (1862–1946) begraben.

Neuendorf-Plogshagen ⑬ ist ein kleines Fischerdorf, das unter Denkmalschutz steht.

Vitte ⑭, etwa zwei Kilometer südlich von Kloster, ist Verwaltungssitz der Insel. In Vitte stehen noch die Sommervillen der Stars aus den Anfängen des Films in den zwanziger Jahren, Asta Nielsen und Henni Porten.

■ **Lietzow** ⑮ machte schon früh wegen seiner günstigen Lage auf sich aufmerksam: Bereits vor 650 Jahren verband eine Fähre die Halbinsel Jasmund mit Zentralrügen. 1827 grub man hier Feuersteinwerkzeuge aus der Jungsteinzeit aus, von den Archäologen wurde dazu der Begriff «Lietzowkultur» geprägt.

■ **Lohme** ⑯ liegt an einer Steilküste auf Jasmunds Nordseite. Es hat nur einen schmalen Sandstrand. Dafür sind die Ausflugsmöglichkeiten ideal: Zum *Piekberg*, Rügens höchster Erhebung, und zum *Königsstuhl* (Seite 18) ist es etwa eine dreiviertel Stunde Fußweg. Bei Quoltitz, südwestlich von Lohme, befinden sich der von Hünengräbern umgebene größte *Opferstein* der Insel und *Fürstengräber*.

■ **Mukran** ⑰ liegt südlich von Saßnitz an der Prorer Wiek. Hier finden sich die *Feuersteinfelder* (Seite 51). Von Mukran nach Klaipėda (Memel) in Litauen gibt es eine Fährverbindung.

Im Hafen von Lauterbach (oben). – Fürst Malte I. (unten) machte Putbus zu seiner Residenz (Mitte).

■ **Putbus** ⑱, wegen seiner klassizistischen Bauten auch «weiße Stadt» genannt, war seit 1465 Fürstensitz. Wilhelm Malte I. von Putbus (1783–1854) ließ den Ort im Südosten der Insel zur Residenz ausbauen. Das Schloß brannte 1865 ab, darauf wurde ein Neubau im Stil der Gründerzeit errichtet (abgetragen um 1960). Erhalten geblieben sind die Orangerie und eine Straße mit Gebäuden, von denen das markanteste das *Theater* (1818–1821) mit etwa 380 Plätzen ist. Se-

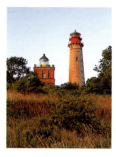

Am Kap Arkona: Zu den Wahrzeichen Rügens gehören die beiden Leuchttürme (oben). – **Die Dorfkapelle von Vitt.** An dieser Stelle hielt der Theologe Ludwig Gotthard Kosegarten (1758 bis 1818) seine Uferpredigten (Mitte). – Eine moderne Plastik am Hochufer (unten).

henswert ist auch das *Badehaus an der Goor* (1818), der zu einem englischen Garten umgestaltete *Park* und der *Wildpark*.

Die Entwicklung zum Badeort verlief hier ähnlich wie anderswo. Zuerst wurden Wannenbäder mit warmem Seewasser genommen, dann schob man Badekarren ins Meer. 1889 wurde die Linie Stralsund–Altefähr–Bergen bis Putbus verlängert; es ist als Ausgangspunkt der Kleinbahn wichtiger Bahnknotenpunkt. 1960 wurde Putbus als jüngste unter die vier rügenschen Städte eingereiht.

■ **Putgarten** ⑲ war von 1386 bis 1448 im Besitz des St.-Claren-Klosters Ribnitz. In der Umgebung liegen die – neben den Kreidefelsen – stärksten Anziehungspunkte Rügens: die beiden *Leuchttürme von Kap Arkona* (Seite 50). In Vitt, das anstelle der «groten Vitte», des Fang- und Stapellagers der Heringsfischer, entstand, werden noch heute Fische geräuchert. Sehenswert ist auch das *Großsteingrab von Nobbin* aus dem 3. Jahrtausend v.Chr. südlich von Putgarten.

■ **Sagard** ⑳ auf Jasmund war das erste rügensche Bad. Im Jahr 1795 wurden in diesem Ort die ersten Sommergäste aufgenommen. Wanderern und Radfahrern ist das größte Hünengrab der Insel, der *Dobberworth* (Seite 51) in der Nähe des Orts, mit einem Umfang von 50 Metern, zum Besuch empfohlen. Von seinem Scheitelpunkt hat man einen weiten Blick über Jasmund.

■ **Saßnitz** ㉑ am Südostufer der Halbinsel Jasmund entstand 1906 durch Zusammenschluß mit Crampas. Ende der 1870er Jahre ließ Prinz Friedrich Karl von Preußen hier seine «schwedischen Blockhäuser» bauen. 1912 wurden neben dem Hafen *Kaltwasserbadeanstalten* errichtet, doch mit dem Ersten Weltkrieg verlor Saßnitz seine Bedeutung als Badeort. Von hier besteht eine Fährverbindung nach Schweden und zur dänischen Insel Bornholm.
Die schönste Partie der Insel, der *Uferweg nach Stubbenkammer* (Seite 51), verläuft außerhalb von Saßnitz. Der Weg dorthin

Einen schwindelerregenden Blick in die Tiefe bietet die Steilküste des Kaps Arkona (oben). – Für Landratten ist nichts spannender, als den Rügener Küstenfischern im Hafen von Saßnitz beim Ausladen der Fische zuzusehen (unten).

führt vorbei am Findlingsblock «Klein Helgoland», der sogenannten Piratenschlucht, an der Kreideschlucht «Bläse» und dem Kreidewürfel «Hengst» bis zu den Wissower Klinken und dem Königsstuhl (Seite 18).

■ **Schaprode** ㉒ an der Westküste ist einer der ältesten Orte auf Rügen. Von hier legen die Schiffe nach Hiddensee ab. Die *Kirche* aus der ersten Hälfte des 13. Jahrhunderts hat eine barocke Innenausstattung. Sie ist nach den Kirchen von Bergen und Altenkirchen die drittälteste auf Rügen.

Aus vergangenen Tagen: eine Pension in der Wilhelmstraße in Sellin (oben). – Von Schaprode legen die Fährboote nach Hiddensee ab (unten).

■ **Sellin** ㉓. Dieser Ort an der Ostküste Rügens wurde als Station der 1895 erbauten Schmalspurbahn «Rasender Roland» bekannt. Sellin nahm als Sommeraufenthalt einen raschen Aufschwung. 1898 entstand die 500 Meter lange *Landungsbrücke* mit

Auf ihrem Weg ins Winterquartier nach Spanien sammeln die **Kraniche** von August bis in den Herbst Kraftreserven. Man kann sie auf Rügen dann aus nächster Nähe beobachten, besonders auf den Deichen und Aussichtsplattformen in Tankow auf Ummanz und zwischen Udars und Streu bei Schaprode. Das Museum für Meereskunde macht Führungen nach Bisdorf und Barhöft, wo die Lebensgewohnheiten der Kraniche auf dem Bock (Ausläufer der Halbinsel Zingst) studiert werden können.

hölzernen Gebäuden. Durch Sturmfluten und Eisgang 1904, 1924 und 1941 zerstört, wurde der Pfahlbau 1954 wieder instand gesetzt, 1979/80 abgerissen und 1992 neu gebaut. Eine Besonderheit ist der Lift, mit dem man sich die 99 Stufen zum Hauptstrand unterhalb des Ortes ersparen kann.

■ **Spyker** ㉔. Das *Herrenhaus* am Spykerschen See, einem mit dem Großen Jasmunder Bodden verbundenen Gewässer, wurde im 16. Jahrhundert erbaut. Der Feldmarschall Carl Gustav von Wrangel ließ das Haus in ein feudales Schloß mit gotischem Spitzbogeneingang, Rittersaal und kunstvollen Stuckdecken (von Antonius Lohr und Nils Erikson) verwandeln. Nach dem Zweiten Weltkrieg wurde das Schloß als Wohnhaus genutzt. Heute ist Spyker ein Hotel (Seite 38).

■ **Thiessow** ㉕ am äußersten Ende der in den Greifswalder Bodden ragenden Spitze von Mönchgut wurde 1360 erstmals erwähnt, 1632 übertrug man ihm die Lotsenpflicht.

Die schilfumsäumten Buchten von Schaprode ziehen viele Hobbyangler an (oben). – Rügen ist ein Paradies für Vogelfreunde. In den feuchten Wiesen und Mooren der Boddenlandschaft fühlt sich besonders der Kiebitz wohl (unten).

Stimmungsvolle Uferlandschaften verlocken zu ausgedehnten Spaziergängen; hier am Breetzer Bodden.

«...bald waren wir (auf) Vilm gelandet. Ich habe kaum jemals wieder dies Gefühl so ganz reinen, schönen und einsamen Naturerlebens gehabt wie damals auf diesem kleinen Eilande...» Carl Gustav Carus (1789–1869).

Seit 1884 ist Thiessow Badeort. Es gibt hier einen langen Oststrand und einen windgeschützten Süd- und Weststrand.

■ **Vilm** ㉖. Das kleine Eiland im Rügischen Bodden, südlich von Lauterbach, soll 1304 durch eine Sturmflut die Verbindung zur Kerninsel verloren haben. Um die naturgeschützte Landschaft zu erhalten, darf Vilm nur mit Führung besucht werden. Seit 1990 werden die auf Vilm bestehenden Einrichtungen der Politprominenz aus DDR-Zeiten als *Akademie für den Naturschutz* genutzt.

■ **Wiek** ㉗. Die gotische *Kirche*, ein dreischiffiger Backsteinhallenbau mit Treppengiebeln, entstand um 1400. Im Innern der Kirche befindet sich ein heiliger Georg zu

> 1896 wurde die **Wittower Fähre** als erstes Binnenschiff, das Züge aufnehmen konnte, gebaut und 1911 von der «Jasper von Maltzahn» abgelöst, die noch als «Bergen» fährt. Die letzte Kleinbahnfähre in Europa ist ein großartiges technisches Denkmal.

Pferde, der hier Sankt Jürgen heißt, eine der in Norddeutschland seltenen Darstellungen eines Drachentöters. Außerdem birgt sie einen spätromanischen Taufstein und einen barocken Altaraufsatz.

Bei Novemberstürmen 1872 brach zwischen Dranske und Forsthaus die schmale Halbinsel Bug an der Westseite des Wieker Boddens; seitdem schützt ein zwei Kilometer langer Steindamm den Hafen im Bodden.

■ **Zudar** ㉘ heißt die Halbinsel im Süden Rügens. Hier leben rund 900 Menschen. In der Nähe befindet sich das *Geburtshaus* des Historikers und Schriftstellers *Ernst Moritz Arndt* (1769–1860), dessen Person nicht im ehemaligen Gutshaus Groß Schoritz, sondern im Museum von Garz gewürdigt wird.

Die gotische Kirche von Wiek (oben). – Die launische Ostsee: Hoch schlagen die Wellen am Anleger von Vitt auf der Halbinsel Wittow (unten).

Herrschaftliche Villen in Sellin aus der Glanzzeit der Ostseebäder.

DIE SCHÖNSTE TAGESTOUR

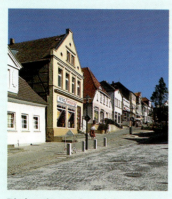

Die heutige Kreisstadt Bergen war einst Handels- und Verwaltungszentrum der Ranen.

Seit der Intercity von Aachen nach Binz in den Sommermonaten ein Fahrradabteil mit sich führt, kann man das eigene Fahrrad problemlos mit nach Rügen nehmen. Eine empfehlenswerte Tagestour über 50 Kilometer führt von Bergen mit dem Rad in den Nationalpark Jasmund.

> Von Bergen nach Sagard führt der Weg **15 Kilometer** auf der B 96 entlang. Zwischen Sagard und Saßnitz liegen fünf Kilometer, bis nach Hagen sind es sieben und bis nach Lohme 3,5 Kilometer. Da der Radwanderer Steigungen zu überwinden hat und die Strecke sehr abwechslungsreich ist, sollten **drei Stunden** reine Fahrtzeit eingeplant werden.

Vom Marktplatz in *Bergen* fährt man nach Norden, und wenn die Wälle des *Rugard* erreicht sind, beginnen auch schon die Buchenwälder. Der Radweg führt neben der stark befahrenen B 96 entlang. Hinter Strüssendorf verläßt man die Bundesstraße und fährt weiter Richtung Jarnitz. Vor Ralswiek wird nach rechts abgebogen und nun das schmale Landstück zwischen *Großem und Kleinem Jasmunder Bodden* entlanggeradelt. Links und rechts neben der Route kann man sich mehrere *Hügelgräber* anschauen.

Über Felder, durch Wälder

Wir gelangen nach *Lietzow* mit einem kleinen Schloß (1864). Es war kein Adelssitz; der Ingenieur

des Eisenbahndamms, der seit 1863 die Bodden trennt, ließ sich den Gebäudekomplex errichten. Der Weg wird nun enger, kurvenreich und steigt an. Am Ende des Winters sind die Äcker und Wie-

Bei sommerlichen Temperaturen sind die Radfahrer froh, sich unter den schattigen Blättertunnel der Alleen flüchten zu können (links). – Zwischen hohen Bäumen versteckt liegt Lietzow (unten).

sen in dieser Gegend geradezu weiß von den Schwänen und Gänsen, die hier Rast machen.
An der Kreuzung vor Sagard muß sich der Radfahrer entscheiden, ob er den Umweg über Saßnitz machen oder direkt nach Hagen fahren will. Wählt man die Route über *Saßnitz*, kann man hier das Rathaus, einen Jugendstilbau aus Klinkersteinen in der Bergstraße (Nebenstraße der Strandprome-

nade), anschauen. Ihm gegenüber, in einem kleinen Park, erhebt sich die Johanniskirche, 1883 im neugotischen Stil errichtet. Man verläßt Saßnitz auf der Straße zwischen der Johanniskirche und dem Krankenhaus und befindet sich bald in einem beeindruckenden Buchenwald, in dem im Frühjahr Anemonen leuchtende Farbtupfer setzen. Links und rechts *Stubbenkammer* sind Radfahrer und Spaziergänger unter sich; selbst der Bus zum Königsstuhl (alle 15 Minuten) hat eine eigene Straße. Im Sommer fahren auch Pferdekutschen auf der etwa drei Kilometer langen Strecke.

Wir kommen auf dem Weg zur Küste am legendären *Herthasee* mit seinem Ringwall vorbei. Hier soll sich – wie schon erwähnt –

Ein Muß für Naturfreunde: der Nationalpark Jasmund.

neben der Strecke liegen zahlreiche *Hügelgräber*, und nach etwa fünf Kilometern passiert man den *Piekberg*, mit seinen 161 Metern die höchste Erhebung Rügens.

Zum stillen Herthasee und dem spektakulären Königsstuhl

Wenn man das rohrgedeckte Baumhaus von *Hagen* erreicht hat, müssen Autofahrer links abbiegen, denn auf der Strecke zur die Kultstätte für die altgermanische Göttin Hertha befunden haben. Zum Hühnengrab führt ein ausgeschilderter Weg (1,5 Kilometer). Die Opfersteine liegen noch einmal 200 Meter weiter.

Am *Königsstuhl* laden eine Waffelbäckerei und ein Kiosk mit Getränken und Bratwurst zu einer kleinen Pause und einer Stärkung ein, bevor man dann die letzten 800 Meter bis zur *Viktoria-Sicht*

Mit elf Metern ist der Herthasee Rügens tiefster Binnensee.

und Blandow – von hier kann man bei gutem Wetter bis zum Kap Arkona mit den beiden Leuchttürmen sehen –, dann nach Nardevitz und Bisdamitz bis zur Landstraße von Glowe nach Sagard. Dabei geht es eine lange Strecke bergab.

Zuerst gelangt man nun zum *Schloß Spyker* – hier kann man auch gut essen –, dann weiter

Vom Herthasee führt eine schöne Wanderung zu den Kreidefelsen.

zurücklegt. An diesem Küstenstück liegen alle sehenswerten Naturdenkmäler der Insel Rügen dicht beieinander.

Bizarre Felsen und tiefe Schluchten

Von der Viktoria-Sicht nach Lohme sind es vier Kilometer, zu den *Wissower Klinken* sechs und am Strand oder Hochufer nach *Saßnitz* siebeneinhalb Kilometer, das ist etwa eine Stunde Fußweg.

Wer nach dieser Strecke noch Lust und genügend Kondition hat, kann sie weiter fortsetzen und zwar über Hagen, Nipmerow zum *Tempelberg Bobbin*, von dem man eine sehr schöne Aussicht hat. Und bevor man schließlich in *Sagard* das Fahrrad in den Zug nach Bergen einlädt, empfiehlt sich an der B 96 südlich von Sagard noch ein letzter Halt bei einem Großsteingrab aus der Bronzezeit, dem sogenannten *Dobberworth*.

Die Entstehung der **Kreide** liegt Jahrmillionen zurück, als sich am Grund eines 350 Meter tiefen Meeres die Schalen von Seeigeln, Muscheln, Seesternen, Korallen und Geißelalgen ablagerten. Wer Glück hat, kann heute noch Einschlüsse finden. Die skurrilen Felsbildungen der Kreideklippen verändern sich immer noch weiter. Weil das Material sehr weich ist, wird die Oberfläche vom Regen ausgewaschen.

DAS BESONDERE SOUVENIR

Als inseltypische Produkte kauft man am besten Räucherfisch und Honig, als Handwerksarbeiten, die man als bleibende Erinnerung an die Insel mitnehmen kann, Mönchguter und Wittower Keramik und Bernsteinschmuck.

Ein Mitbringsel, das viele erfreut: die Rügenkeramik.

■ Bernsteinschmuck
Ihn verkaufen alle *Juweliere* auf der Insel. Um nur einige zu nennen: «*Jürgen Kintzel*» in Sellin, «*J. Neitmann*» und «*Joachim Stoll*» in Bergen und «*Horst Schröder*» in Saßnitz. Auch die Nachbildungen des Hiddenseer Goldschmucks sind hier zu haben.

Keramikladen in Juliusruh.

■ Kunstgewerbe
Kunstgewerbliche Erzeugnisse bieten die entsprechenden Läden in verschiedenen Orten auf der Insel an. Zum Beispiel in Göhren: «*Rookhus des Heimatmuseums*» (Seite 49). Handwebwaren und Keramik gibt es im «*Katen*» (Sellin, Granitzer Straße 11).

■ Literatur über Rügen
Bücher über Rügen hat in großer Auswahl das *Handwerksmuseum*, Gingst (Seite 48). Hier werden außerdem Kalender, Poster und Postkarten verkauft.

■ Lebensmittel
Käse direkt ab Gehöft gibt es in der «*Hofkäserei*» in Bisdamitz (Bioland). Honig, Sanddornsaft

In Vitt kann man den Fisch in Räuchereien am Hafen kaufen.

Drehscheibe. Auch der «*Töpfermeister Peter Dolacinski*» (Götemitz, Haus 24) verkauft eigene Arbeiten. Sie sind in der Sparkasse in Samtens ausgestellt. Bevorzugte Motive der Inseltöpfer sind stilisierte Fische und Stranddisteln, die dominierenden Farben sind Blau und Weiß.

und -gelee aus Beeren, die auf der Insel geerntet wurden, bietet das *Handwerksmuseum,* Gingst (Seite 48) an. Räucherfisch gibt es in Breege, Lietzow, Ralswiek, Saßnitz, Thiessow und Klein Zicker zu kaufen und in Vitte auf Hiddensee. In Lauterbach wird der Fisch von einem vertäuten umgerüsteten Kutter verkauft.

Schönen Bernsteinschmuck gibt es bei «Jürgen Kintzel» in Sellin.

■ Töpferwaren

Rügener Fayencen, Mönchguter und Wittower Keramik aus einheimischem Ton gibt es in Göhren und Juliusruh. Anneliese Brandt, «*Keramikstübchen*» (Bergen, Birkenweg 20) stellt Aufbaukeramik her, das heißt, sie modelliert ohne Töpferarbeiten führen die «*Galerie Knut Hartwig*» in Saßnitz und die «*Galerie Sylvia Kastner*» in Juliusruh. In Poltenbusch, einem kleinen Weiler zwischen Garz und Zudar gelegen, stellt die «*Familie Putbreese*» sehenswerte Kunsttöpferwaren her.

Lackierte Katzen und Vögel

Der naive Künstler Heinz Mewius aus Laase arbeitet sie aus Holz. Seine Arbeiten kommen gelegentlich bei Kunstauktionen im Kulturgut Liddow unter den Hammer. Manchmal ist der Holzbildhauer auch bei den Versteigerungen dabei.

Hinter Neuenkirchen auf Lebbin führt ein Plattenweg nach Liddow. Davon sollte man sich aber nicht abschrecken lassen, denn die Rumpelfahrt lohnt sich, allein schon wegen der einmaligen Boddenlandschaft. Sie tut sich hinter einem Waldstück beim Kulturgut auf.

ESSEN UND TRINKEN

Frischer Meeresfisch, die pommersche Gans, dazu ein würziges Bier und klare Schnäpse, das sind die Genüsse der rügenschen Küche. Ein Hang zum Süßen – Zucker aufs Schmalz oder Rosinen an die Blutwurst – verraten schwedischen Einfluß.

Wenn der Fisch angelandet ist, wird er aus dem Netz gepuhlt.

■ **FISCHRESTAURANTS**

Baabe
In den «Mönchguter Fischer- und Weinstuben» kann man täglich frischen Ostseefisch genießen.
Im «Ostseehotel», Dorfstraße 2
Tel. 03 83 03/318

Göhren
Im «Caprice» gibt es bis 2 Uhr auch internationale Küche.
Thiessower Straße 32
Tel. 03 83 08/253 07

Hagen
In einem ehemaligen Stall ist die «Aalkate» untergebracht. Neben Aalspezialitäten verkauft der Wirt auch Töpferwaren.
Dorfstraße 3
Tel. 03 83 02/900 37

Die Galträume der «Kleinen Försterei» sind rustikal ausgestattet, und das Essen in diesem Familienbetrieb ist deftig. Das Gasthaus liegt direkt an den Parkplätzen zum Nationalpark Jasmund.
Dorfstraße 53a
Tel. 03 83 02/900 17

Fisch, Fisch und wieder Fisch!
Auf den Inseln sollte man ihn unbedingt essen, denn er ist garantiert frisch. Er fehlt auf keiner Speisekarte.
Die wichtigsten Fische der Ostsee sind Plattfische (fachmännisch zerlegt, bekommt man zarte Filetstücke), Aal (seinen Zubereitungsarten sind keine Grenzen gesetzt), Hering (weil er sehr fett ist, eignet er sich bestens zum Räuchern), Heilbutt (er hat sehr hochwertiges Fleisch und ist besonders Ende des Jahres zu empfehlen, da er da am schmackhaftesten ist) und Hornhecht (festes Fleisch mit grünen Gräten, deren Färbung durch einen unschädlichen Farbstoff entsteht; sie tut dem guten Geschmack aber keinen Abbruch).

Der gefangene Fisch wird noch auf dem Kutter ausgenommen.

Klein Zicker
Die Gaststätte «Zum trauten Fischerheim» bietet hauptsächlich typische Fischgerichte der Region. Jeden Samstag und Sonntag von 10 bis 22 Uhr werden hier Fische geräuchert.
Dörpstrat 15
Tel. 03 83 08/301 52

Lohme
Im «Panorama-Restaurant» (mit Hotelbetrieb) stehen Fisch- und Wildspezialitäten für gehobene Ansprüche auf der Karte.
Dorfstraße 35
Tel. 03 83 02/92 21

Neukamp
Das Restaurant «Kleine Fischerin» liegt direkt am Wasser. Eingerichtet wie ein U-Boot, bietet die Bar «Nautilus» den Gästen Spezialitäten aus «Kapitän Nemos Kombüse».
Dorfstraße 17
Tel. 03 83 01/666 03

Seedorf
Wie der Name der Gatstätte «Binnen und buten» schon sagt, kann man hier mit Blick auf den Hafen «drinnen und draußen» sitzen.
Am Hafen, Tel. 03 83 03/436

Thiessow
In der «Fischgaststätte am Hafen» gibt es täglich fangfrischen Fisch. Alle Gerichte können auch mitgenommen werden.
Dampferweg
Tel. 03 83 08/300 01

■ RÜGENER SPEZIALITÄTEN

Baabe
«Rügener Kartoffelpfannkuchen» heißt eine der Köstlichkeiten des Restaurant «Eden».
Dorfstraße 1
Tel. 03 83 03/965

Willkommen an Bord: im «Nautilus» in Neukamp.

Unter freiem Himmel schmeckt's nochmal so gut; hier in Vitt.

■ **WEITERE RESTAURANTS**

Kloster/Hiddensee
Der Gatstätte «Zum Klausner» sollte man schon wegen der romantischen Sonnenuntergänge und den Leuchtturmnächten einen Besuch abstatten .
Im Dornbuschwald 1
Tel. 03 83 00/501 35

Sellin
Im Restaurant «Tatjana» ißt man keine einheimischen Gerichte. Hier kommen russische Spezialitäten auf den Tisch.
Wilhelmstraße 28
Tel. 03 83 03/145 14

Vitte/Hiddensee
Bei «Goodewind», hinter der Düne, gibt es gute Hausmannskost.
Süderende 53, Tel. 03 83 00/235

Wittow
Der «Schifferkrug Kuhle» ist die älteste Gaststätte auf Rügen.
Hauptstraße, Tel. 03 83 91/84 60

■ **CAFÉS**

Putbus
In der «Orangerie», einem Eiscafé in der Fürstenresidenz, genießt man mit Blick auf den englischen Garten seinen Cappuccino.
Alleestraße, Park 7
Tel. 03 83 01/609 52

Schaprode
Im Gasthaus «Zur Alten Schmiede» sind auch ein Atelier und eine Galerie untergebracht.
Poggenhof 25
Tel. 03 83 09/21 00

■ **GOURMET-RESTAURANT**

SPYKER
«Schloß Spyker» lockt mit kulinarischen Köstlichkeiten.
Am Spykerschen See
Schloßallee, Tel. 03 83 02/20 83

Nach einem Sonnentag sollte man in der Abenddämmerung mit dem gläsernen Aufzug bis unter die Dachkuppel des **«Strandhotels Rugard» in Binz** fahren. Dort oben kann man dann in dem Panorama-Restaurant bei einem eisgekühlten Koem (Kümmel) und einem Bier in Ruhe auf eines der rügentypischen Fischgerichte warten. Denn von hier genießt man einen einmaligen Blick auf die gesamte Binzer Ostseebucht.
Binz, Strandpromenade
Tel. 03 83 93/360

Ein Gourmet-Tempel in stilvollem Ambiente: Schloß Spyker.

RÜGEN AM ABEND

Wer auf Rügen Urlaub macht, will wandern, radfahren, baden oder segeln. Wer dann noch Lust hat, am Abend auszugehen, hat auch dazu Gelegenheit.

Eine Legende wird lebendig: Ein beeindruckendes Spektakel sind die «Störtebeker-Festspiele», die jeden Sommer in Ralswiek stattfinden.

★ **Diskotheken**
In Bergen, Binz, Göhren, Saßnitz und Sagard.

★ **Heimatabend**
«*Silke König*» in Sellin, Tel. 03 83 03/866 72 bietet ein besonderes Programm. Sie liest aus dem Buch der englischen Autorin Elizabeth von Arnim (1866–1941) über Rügen und zeigt Bilder aus der Zeit. Frau König macht auch historische Führungen durch Sellin. Auskunft beim Fremdenverkehrsverein Sellin (Adresse Seite 60).

★ **Kino**
Folgende Orte haben Kinos: Bergen, Binz, Göhren, Saßnitz; in Vitte/Hiddensee gibt's im Sommer ein Zeltkino.

★ Musik

Konzerte finden in den Kirchen von Altenkirchen, Binz, Bobbin und Vilmnitz statt; Sommermusiktage in St. Petri in Garz; Saßnitz veranstaltet traditionell Weihnachtskonzerte. (Genauere Auskünfte

Abend für Romantiker: Sonnenuntergang an der Strandpromenade.

bekommt man bei den Fremdenverkehrsvereinen der einzelnen Orte, Adresse Seite 59 f.)

★ Theater

Das *Putbuser Theater* wird renoviert, Aufführungen gibt es während dieser Zeit in Prora, «Haus der Armee» (Mundartstücke, Kindertheater), Tel. 03 83 93/51 06, 51 07.

★ Vorträge

Im *Ernst-Moritz-Arndt-Museum*, Garz (Seite 48), finden die «Garzer Museumsreden» statt, Vorträge zu kulturhistorischen und literarischen Themen aus Vorpommern und Rügen (Auskunft und Programm erhält man über das Museum in Garz, Tel. 03 83 04/122 12).

Eine Bühne mit Tradition: das Theater in Putbus.

ÜBERNACHTEN AUF RÜGEN UND HIDDENSEE

Wohnen in gemütlicher Atmosphäre bietet der «Wreecher Hof».

■ ALTEFÄHR
Sundblick
Dieses Hotel garni mit Schwimmbad und Sauna hält für seine Hausgäste eine Yacht im Hafen bereit. Mit seinen zehn Zimmern ist das Haus ebenso behaglich wie erschwinglich bei gehobenen Ansprüchen.
Fährberg 8 b
Tel. 038 06/71 30, 71 31

■ BERGEN/KLEIN-KUBBELKOW
Kubbelkow
Wohnen im Landhaus (13 Zimmer), das einstige Stettiner «Hochzeitsschlößchen». Es gibt im Haus eine Galerie mit wechselnden Ausstellungen, im Treppenhaus finden Konzerte und Lesungen statt.
Man verläßt vor Bergen die B 96 Richtung Klein-Kubbelkow. In einem Park liegt das Hotel.
Tel. 038 38/228 02

■ BINZ
Hotel Vier Jahreszeiten und Strandhotel Lissek
Moderner Komfort in gründerzeitlichem Ambiente. Dazu gehören das Restaurant «Fischmarkt» und ein Schwimmbad.
Zeppelinstraße 8, Tel. 03 83 93/ 300 60, und Strandpromenade 33, Tel. 03 83 93/38 10

Die «Heiderose» auf Hiddensee.

Schwedischer Hof
Hier wohnt man nicht nur bei einer Malerin, man kann bei ihr auch zeichnen lernen.
Sonnenstraße 1
Tel. 03 83 93/25 49

■ **HAGEN**
Baumhaus
Im landschaftlich reizvollen Nationalpark Jasmund liegt diese gepflegte und ruhige Frühstückspension. 2-Zimmer-Appartements mit Dusche, WC, TV und Telefon.
Tel. 03 83 92/223 10

> «IFA-Ferienpark»: Hotelanlage mit Erlebnislandschaft. Hier kann man baden, einen Drink nehmen oder im Fitneßraum trainieren. Vom Hotel werden auch Ausflüge organisiert. Binz, Strandpromenade 74, Tel. 03 83 93/911 01

■ **PUTBUS-WREECHEN**
Wreecher Hof
Zimmer mit Dusche, WC, TV. Sauna, Schwimmbad, Fitneßraum.
Kastanienallee, Tel. 03 83 01/850

In Sellin gibt es noch viele Villen im Stil der Gründerzeit.

■ **VITTE/HIDDENSEE**
Heiderose
In der Heidelandschaft zwischen Vitte und Neuendorf gelegen. Zimmer mit dem üblichen Standard. Sauna, Solarium, Massage, Fahrradverleih und Restaurant im Haus. Halbpension möglich.
In den Dünen 127
Tel. 03 83 00/214

Pensionen, **Privatzimmer** und **Ferienwohnungen** vermitteln Verkehrsvereine und Fremdenverkehrsämter der einzelnen Orte, auch Campingplätze kann man erfragen (Adressen Seite 59 f.).

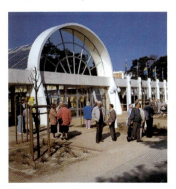

Unterhaltung für jung und alt: der «IFA-Ferienpark» (links und rechts).

AKTIVE FREIZEIT

Neben Baden und Wassersport steht auf Rügen das Radfahren und Wandern an oberster Stelle. Die urwüchsige Landschaft und steinerne Zeugnisse aus alter Zeit machen die Touren zu einem unvergeßlichen Erlebnis.

Die Wälder des Nationalparks Jasmund verlocken zu Radtouren.

■ Angeln
Angelgebiete sind die Ostseeküste, der Große und der Kleine Jasmunder Bodden, das Hagensche Wiek, der Strelasund und der Schmachter See. Genauere Auskünfte erteilt der *Angelverband*, Herr Wilde, Tel. 03 83 92/344 41. Hochseeangelfahrten werden von Saßnitz aus angeboten.

■ Baden
Bis auf die Steilküste zwischen Saßnitz und Lohme kann an allen Ostseestränden gebadet werden. Die meisten Badestrände haben Nacktbadeabschnitte, die entsprechend gekennzeichnet sind. Die Wasserqualität an den ausgewiesenen Stränden wird ständig überprüft. Die aktuellen Werte

Organisierte Radtouren
Wer auf Rügen eine längere Radwanderung unternehmen will, kann sich fünf- bis achttägige Reisen bis ins letzte Detail vorbereiten lassen. Dabei wird für die Übernachtung, den Gepäcktransport, auf Wunsch für Leihräder und das notwendige Kartenmaterial gesorgt. Beratung und Buchung bei «Die Mecklenburger Radtour», Dänholm 10, Haus 2, 18439 Stralsund, Tel. 038 31/28 02 20.

Die Ostsee ist ein begehrtes Segelrevier, doch Vorsicht vor Stürmen.

können beim *ADAC–Sommerservice*, Tel. 089/76 76 25 70, erfragt werden. Ein Hallenbad gibt es unter anderem in Sellin, *Hotel «Cliff»*, Tel. 03 83 03/80.

■ **Fahrradverleih**
Viele Hotels und Pensionen vermieten Fahrräder.

■ **Kegeln**
Kegelbahnen in Bergen, Binz, Dranske, Garz, Göhren, Putbus, Saßnitz und Sellin *(Hotel «Cliff»)*.

■ **Reiten**
Reitunterricht in Breege, Dreschvitz, Göhren (*Reiterhof «Alt-Reddevitz»*, Tel. 03 83 08/23 70), Putgarten, Trent und Zirkow.

■ **Segeln**
Segelschule und Bootsverleih in Ralswiek am Hafen und in Altenkirchen.

■ **Surfen**
Surfkurse gibt es in Breege.

■ **Tauchen**
Informationen beim *Tauchclub Binz*, Ruschvitzstraße 48. Taucherservice gibt es in Nonnevitz, eine Tauchbasis in Dänholm und Altenkirchen.

■ **Tennis**
In Bergen, Binz, Göhren und Sellin stehen Tennisplätze zur Verfügung, und es werden auch Kurse abgehalten.

■ **Wanderungen**
Geführte Wanderungen zum Beispiel in Binz, Dranske, Göhren und Saßnitz. Putbus bietet seinen Gästen eine Stadtführung mit Parkwanderung. Auskünfte erteilen Fremdenverkehrsämter und Kurverwaltungen (Seite 59 f.).

Häufiger Zeitvertreib am Strand: Beachvolleyball.

■ **Karten**
Für Wanderungen und Radtouren sind zu empfehlen: Rügen mit Hiddensee (1:75 000), Nordland; Insel Rügen (1:50 000), Kompaß-Wanderkarte Nr. 1004.

WAS KINDERN SPASS MACHT

Baden ohne Ende (links) oder ein Besuch im Puppen- und Spielzeugmuseum (rechts): Rügen ist auch ein Paradies für Kinder.

■ **Animationsprogramme**
Ein umfangreiches Unterhaltungsprogramm speziell für Kinder bietet an: der «*IFA-Ferienpark*» in Binz, Strandpromenade 74, Tel. 03 83 93/911 01.

■ **Baden**
Viele Badestrände haben breite Flachwasserbereiche.

■ **Reiten und Kutschfahrten**
Reitpferde für Kinder und Kutschfahrten gibt es bei: «*Hof Wiersbin*», Datzow Nr. 11, Poseritz, Tel. 03 83 07/401 14.

> Große und kleine Kinder sollten sich unbedingt die Puppen, Puppenstuben und das Kinderspielzeug im **«Puppen- und Spielzeugmuseum» in Putbus** (Seite 21) ansehen. Kastanienallee, April–September täglich 9–17 Uhr

■ **Urlaub auf dem Bauernhof**
Bewirtschaftete Bauernhöfe gibt es in Ramitz und Veikvitz. Näheres unter Tel. 038 38/314 35.

■ **Zoo**
Ein kleiner Heimtiergarten, in dem Tiere aus der ganzen Region zu

Auf dem «Grünen Markt» in Gingst dürfen die Kinder Fische grillen.

sehen sind, befindet sich in *Saßnitz*, Am Steinbachtal (Besuch nach Vereinbarung möglich). Genauere Einzelheiten erfährt man unter Tel. 03 83 92/223 81.

Ein Sandkasten der Superlative: der Strand von Sellin.

MUSEEN UND NATURDENKMÄLER

■ **Bergen** ④. Das *Stadtmuseum* zeigt Dokumente zur Geschichte und Naturgeschichte Rügens.
Im Klosterhof
Mo–Sa 10–12.30 und 13 bis 16.30 Uhr

Das Heimatmuseum in Göhren ist in einem Reethaus untergebracht.

Rugard ㉚. Reste einer slawischen Burganlage (vom Marktplatz etwa einen Kilometer entfernt). Um die Anlage führt ein Naturlehrpfad (etwa eine Stunde Fußweg).

Ernst-Moritz-Arndt-Turm auf der Spitze des Rugard. Vom Turm hat man bei klarem Wetter eine Sicht über ganz Rügen und bis nach Hiddensee und Stralsund.
Mai–Oktober Mo–So 10 bis 17 Uhr (sonst geschlossen)

■ **Binz** ⑤. *Jagdschloß Granitz*. Im Schloß, dessen Grundstein im Jahr 1836 gelegt wurde, ist eine Ausstellung von Jagdtrophäen zu sehen. Über die kunstvolle gußeiserne Wendeltreppe gelangt man zum 38 Meter hohen Aussichtsturm im Innenhof des Schlosses, der nach Plänen von Karl Friedrich Schinkel erbaut wurde.
Sommer: täglich 9–17.30
Winter: Di–So 9–16 Uhr

Blick vom Ernst-Moritz-Arndt-Turm nach Osten.

■ **Garz** ⑧. Das *Ernst-Moritz-Arndt-Museum* zeigt Dokumente aus dem Leben des Dichters und gibt einen Überblick über die Stadtgeschichte von Garz.
Am Burgwall
Di–Sa 10–12 und 13–17 Uhr

■ **Gingst** ⑨. Das *Handwerksmuseum* dokumentiert anschaulich die Entwicklung dieser Zunft auf Rügen. Es besitzt historische Werkstätten und handwerkliche Arbeitsgeräte, eine Spielzeug- und Klei-

derschau. Das Weberhaus wird zur Zeit renoviert und kann daher nicht besichtigt werden.
Sommer: täglich 10–18 Uhr
Winter: Mo–Fr 10–16 Uhr

■ **Göhren** ⑪. *Heimatmuseum* mit Museumshof. Hier kann man eine bäuerliche Hofanlage besichtigen, das Rookhus (Rauchhaus), ein Fischer- und Kleinbauernhaus aus dem 18. Jahrhundert, und am Südstrand, bei Lobbe, ist das Museumsschiff «Luise», ein ausgedienter Motorsegler, zu sehen.
Strandstraße
Mi–Mo 10–16 Uhr

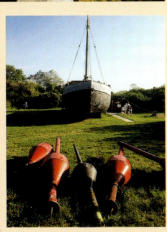

Pfarrwitwenhaus in Groß Zicker (oben). – Treppe im Jagdschloß Granitz (unten). – Das Museumsschiff «Luise» in Göhren (links).

Buskam. Der größte Findling der deutschen Ostseeküste (vor dem Nordstrand).

Herzogsgrab. Etwa ein Kilometer westlich von Göhren.

■ **INSEL HIDDENSEE**

Kloster ⑫. Die *Gerhart-Hauptmann-Gedächtnisstätte* im Haus «Seedorn» im Zentrum des Orts.

Gerhart Hauptmann ließ sich in Kloster beisetzen.

Mit den original eingerichteten Wohn- und Arbeitsräumen des bekannten Schriftstellers.
Täglich 10–17 Uhr, Januar geschlossen

> **Grüner Markt** auf dem Museumshof in Gingst. Im Sommer bieten hier Handwerker, Gärtner und Kunsthandwerker eigene Erzeugnisse an und zeigen Herstellungstechniken, Sa 10–16 Uhr.

Heimatmuseum. Es zeigt eine verkleinerte Nachbildung des legendären Hiddenseer Goldschmucks (das Original befindet sich im Kulturhistorischen Museum von Stralsund, Di–So 10–17 Uhr) und gibt einen Einblick in die Geschichte und Entwicklung der kleinen Insel.
Am Ortsausgang in Strandnähe Mai–Oktober 9–16 Uhr
(unverbindliche Angaben)

Hochland des Dornbusch ③ mit der höchsten Erhebung, dem 72 Meter hohen Schluckwieksberg. Das Gebiet erstreckt sich nördlich von Kloster hinter Grieben, dem ältesten Dorf der Insel.

■ **Kap Arkona** ③ ist die nördlichste Spitze der Insel mit den Resten des *Walls der Jaromarsburg* und den beiden *Leuchttürmen*. Der viereckige, 19,3 Meter hohe Backsteinturm wurde nach Plänen Karl Friedrich Schinkels 1826/27 erbaut, der andere vom Anfang dieses Jahrhunderts ist sieben Meter höher und hat ein elektrisches Blinkfeuer, das etwa 40 Kilometer weit reicht.

■ **Lancken-Granitz** ③. Das *Dolmenfeld* (ein Dolmen ist eine aus Trag- und Decksteinen errichtete Grabkammer) besteht

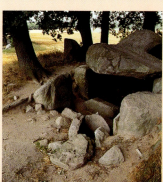

Aus uralter Zeit: die Großsteingräber bei Lancken-Granitz.

aus insgesamt sechs Gräbern, die aus der Zeit zwischen 2300 und 2000 v. Chr. stammen; südwestlich des Orts.

■ **Middelhagen** ㊳. Das *Schulmuseum* ist ein Schule mit einem Klassenzimmer, in dem bis 1946 alle Schüler bis zur achten Klasse zusammen unterrichtet wurden, eine sogenannte Einklassenschule. Auch die Wohnung des Lehrers in einem reetgedeckten Fachwerkhaus kann man anschauen.
**Thiessower Straße
Mi–Mo 10–16 Uhr**

etwa zehn Metern ist das größte Hügelgrab Norddeutschlands. Es befindet sich am Ortsausgang Richtung Bergen an der B 96.

Boxmuseum. Es zeigt Dokumente über die Entwicklung des nationalen und internationlen Profi- und Amateurboxsports.
**Marlow 2
Täglich 10–17 Uhr**

Rätsel der Natur: die Feuersteinfelder bei Mukran.

■ **Mukran** ⑰. *Feuersteinfelder.* Das sind bis zu drei Meter hohe, 3500 bis 4000 Jahre alte Geröllwälle aus Feuerstein, die vermutlich bei großen Sturmfluten angeschwemmt wurden. Sie liegen zwischen Binz und Saßnitz in einem Naturschutzgebiet.

■ **Sagard** ⑳. *Dobberworth*. Der künstliche Erdhügel aus der Bronzezeit mit einem Umfang von 50 Metern und einer Höhe von

■ **Stubbenkammer** ㊱ im Nationalpark Jasmund zwischen Lohme und Saßnitz gelegen, mit dem berühmten *Königsstuhl* und den bizarren Felsformationen der *Wissower Klinken*.

■ **Zirkow** ㊲. *Museumshof*. Ausstellung zur Geschichte der Landwirtschaft auf Rügen, mit einem 260 Jahre alten Rookhus.
Besuch nach Vereinbarung unter Tel. 03 83 93/328 24

Es gibt immer etwas zu tun: Fischer im Hafen von Vitte auf Hiddensee.

DIE SCHÖNSTEN AUSFLÜGE

Pittoreske Fischerdörfer, malerische Küstenlandschaften mit faszinerenden Aussichtspunkten und die alte Hansestadt Stralsund verlocken zu Ausflügen.

Das reizvoll in einer Schlucht gelegene Dorf Vitt am Kap Arkona.

Von Glowe zum Kap Arkona und auf die Halbinsel Wittow

Wir starten in *Glowe* zu dem etwa 30 Kilometer langen Ausflug und nehmen die Radroute, die an der *Küste des Großen Jasmunder Boddens* entlangführt. Baden sollte man in den Boddengewässern lieber nicht. Wer aber eine Badepause einlegen möchte, kann dies am Strand von *Juliusruh* tun. Hinter Juliusruh biegen wir nach rechts, Richtung Campingplatz Drewoldke, ab. Der Weg führt jetzt dicht an der Küste entlang, bis wir schließlich die 5000 Jahre alte *Grabanlage Nobbin* erreicht haben.

Nach zwei Kilometern hinter Nobbin kommen wir in das malerisch in einer Senke gelegene denkmalgeschützte *Fischerdorf Vitt*. Hier sollte man unbedingt zu dem kleinen Hafen gehen und den

«Hotel am Meer» auf Hiddensee.

Nach einer langen Wanderung tut eine Pause am Strand gut.

zehn Meter hohen Erdwällen sind nur noch Teile erhalten. Von hier ist es nicht mehr weit bis zum *Kap Arkona* mit seinen beiden Leuchttürmen. Wer sich bis zur äußersten nördlichen Spitze Rügens, dem Gell-Ort, begeben möchte, geht den schmalen Weg an der Steilküste weiter (den Hinweisschildern folgen).

Hier liegt im Wasser der *Siebenschneiderstein*, ein Granitfindling, der so groß ist, daß auf ihm angeblich sieben Schneider Platz haben. Wer diese Tour zu Fuß unter-

köstlichen Fisch probieren, der dort vor Ort geräuchert wird. Vitt ist bekannt geworden durch die «Uferpredigten» Ludwig Gotthard Kosegartens, die er hier für die Fischer gehalten hat.

Von der Vitter Kapelle, die 1806 für diese Predigten errichtet wurde, fährt man weiter nach Norden, bis man die Reste der *Jaromarsburg* erreicht. Von den bis zu

nommen hat, kann dann von *Putgarten* mit dem Bus wieder nach Glowe zurückfahren.

Radfahren und Wandern auf Hiddensee

Von *Schaprode* (das Auto kann man auf dem bewachten Parkplatz lassen) bringt uns das Schiff nach *Neuendorf* auf Hiddensee, der autofreien Insel. Ideal, um Hiddensee zu erkunden, sind Touren mit dem Fahrrad. Das Schiff nimmt Räder mit, sie werden aber auch

> In der **Uferkapelle von Vitt** hängt eine Kopie des Gemäldes «Jesus wandelt auf dem See Genezareth» von Philipp Otto Runge. Die Kopie stammt von Erich Kliefert (1971), das Original befindet sich in Hamburg. Die Wandmalereien in der Kapelle sind Werke von Gabriele Mucchi.

vor Ort verliehen. In Neuendorf kann man nach Norden den Strand entlang oder durch die Heidelandschaft wandern und radfahren. In *Kloster*, dem bedeutend-

durch hügeliges Gelände. Im Lokal «Zum Klausner» kann man eine Erfrischung nehmen, ehe der Leuchtturm (erbaut 1888) auf dem *Dornbusch* besucht wird.

Die faszinierende Silhouette der Hansestadt Stralsund; im Vordergrund die Nikolaikirche.

sten Ort Hiddensees, sollte man Haus «Seedorn» mit der Gerhart-Hauptmann-Gedächtnisstätte (Öffnungszeiten Seite 50), das Grab des Dichters und die Kirche besuchen. In der ehemaligen Lotsenstation befindet sich das Heimatmuseum von Kloster (Öffnungszeiten Seite 50) mit einer Kopie des Hiddenseer Goldschmucks. Er ist ein Beispiel der Goldschmiedekunst der Wikinger aus dem 10. oder 11. Jahrhundert. Nördlich des Orts führen Wege

Von hier oben kann man fast die ganze Insel überblicken. Das Schiff bringt uns von Kloster nach Schaprode zurück oder hinüber nach Stralsund.

Die berühmte Stellwagenorgel in der Stralsunder Marienkirche.

1350. Sie ist, neben der *Marienkirche* (mit einer Barockorgel), das bedeutendste Gotteshaus der Stadt. Sehenswert sind außerdem das *Katharinenkloster*, entstanden vom 13. bis zum 15. Jahrhun-

Abstecher nach Stralsund

Wer auf Rügen Urlaub macht, sollte diese Gelegenheit nutzen, und Stralsund, der alten Hansestadt (gegründet um 1200) am Strelasund, einen Besuch abstatten. Die wichtigsten Sehenswürdigkeiten der Stadt findet man am *Alten Markt*, im Zentrum der Altstadt. Hier stehen viele alte Bürgerhäuser aus Gotik, Renaissance und Barock, das berühmte *Rathaus* aus dem 13.–15. Jahrhundert mit seiner beeindruckenden Fassade. Neben dem Rathaus erhebt sich die mächtige *Nikolaikirche*, erbaut zwischen 1270 und

dert. Hier haben das *Kulturhistorische Museum* (Di–So 10 bis 17 Uhr) und das *Meeresmuseum* (Di–So 10–17 Uhr) ihren Sitz. Auch Teile der *Stadtmauer* mit Wiekhäusern, dem *Knieper-* und dem *Kütertor* sollte man bei dem Rundgang beachten.

NÜTZLICHE TIPS UND ADRESSEN

Vitte ist der größte Ort auf Hiddensee und der Verwaltungssitz der Insel.

Auskunft: Informationen über Rügen, Prospektmaterial und ein Unterkunftsverzeichnis bekommt man beim Fremdenverkehrsverband Rügen, August-Bebel-Straße 12, 18592 Ostseebad Sellin, Tel. 03 83 03/14 70. Ein nützlicher Reisebegleiter ist die Falk-Heimatkarte Rügen (1:50 000).
Über Hiddensee informiert das Tourist-Büro Hiddensee, Norderende 162, 18565 Vitte/Hiddensee, Tel. 03 83 00/642 26.

Feiertage: Es gelten die üblichen bundesweiten Feiertage, zusätzlich der Reformationstag (31.10.).

Fundbüro: Auf Rügen gibt es ein Fundbüro in der Stadt Saßnitz in der Stadtverwaltung, Hauptstraße 33, Tel. 03 83 92/680.

Medizinische Versorgung und ärztliche Notdienste: In akuten Fällen steht rund um die Uhr der zentrale Ärztliche Notfalldienst, Schnelle Medizinische Hilfe–SMH in Bergen, Tel. 038 38/220 77, zur Verfügung. Feuerwehr, Unfall und Rettungsdienst sind unter Tel. 112 zu erreichen. Über den

Eine Touristenattraktion besonderer Art: der «Rasende Roland».

Nacht- und Sonntagsdienst von Apotheken informiert die «Ostsee-Zeitung». (Auf Hiddensee praktizieren zwei Ärzte).

Tiere und Pflanzen, die auf Rügen häufig vorkommen: Fische wie Hering ①, Flunder ②, Aal ③ und Hornhecht ④; Pflanzen wie Besenginster ⑤, Kiefer ⑥, Rotbuche ⑦ und Stechpalme ⑧; Vögel wie Mehlschwalbe ⑨, Seeschwalbe ⑩, Watvogel ⑪ und Kranich ⑫.

Öffnungszeiten: Wie im übrigen Bundesgebiet. Banken gibt es in den größeren Orten auf Rügen, in Vitte auf Hiddensee ist eine Sparkasse. Öffnungszeiten der Bankinstitute: Mo 8.30–16, Di 8.30–18, Mi 8.30–13, Do 8.30 bis 18, Fr 8.30–16 Uhr.

Informationsstellen

Altefähr
Rügener Touristik Service GmbH
Tel. 03 83 06/61 60

Altenkirchen
Tourismus-Information
Tel. 03 83 91/293

Arkona
Tourismusgesellschaft
Tel. 03 83 91/41 90

Baabe
Kurverwaltung, Tel. 03 83 03/14 20

Die Qual der Wahl: Welche Karte erfreut die Lieben zu Hause?

Vom Königsstuhl hat man einen herrlichen Blick auf die Ostsee.

Bergen
Tourist-Information
Tel. 038 38/811 20 62

Binz
Kurverwaltung
Tel. 03 83 93/374 21

Breege – Juliusruh
Informationsamt
Tel. 03 83 91/311

Die «Himmelsleiter» führt von Sellin zum Strand hinunter.

Dranske
Verkehrsamt Wittow
Tel. 03 83 91/87 30

Gingst
Fremdenverkehrsverein
Tel. 03 83 05/245
Zimmervermittlung, Tel. 435

Göhren
Zimmervermittlung
Tel. 03 83 08/910 98

Hiddensee
Tourist-Büro
Tel. 03 83 00/24 23 04

Putbus
Rügen Besucher Service
Tel. 03 83 01/605 13

Saßnitz
Fremdenverkehrsamt
Tel. 03 83 92/680

Sellin
Fremdenverkehrsverein
Tel. 03 83 03/305 und 870 06

Thiessow
Kurverwaltung
Tel. 03 83 08/82 80

FESTE UND VERANSTALTUNGEN

Sehen und gesehen werden: an der Strandpromenade von Binz.

■ Januar
Baabe, Stralsund: Eisbaden.

■ Februar
Sagard: Karneval (fünf Tage).

Ein faszinierendes Erlebnis: die Störtebeker-Festspiele in Ralswiek.

■ April
Garz: Osterfeuer.
Granitz, Stubnitz: Anemonenblüte im Buchenforst.
Trent: Krokus-Fest.

■ Mai
Binz: Seebrückenfest.

■ Juni
Putbus-Lauterbach: Segelregatta «Rund um den Vilm».

■ Juli
Altefähr: «Sundschwimmen» nach Stralsund (2 Kilometer).
Altenkirchen: Johannimarkt am ersten Samstag des Monats.
Glowe: «Störtebeker-Lauf», ein Volkslauf, an dem jeder teilnehmen kann.
Putbus: Rossini-Festival in der Orangerie und im Marstall.
Putbus-Lauterbach: Erntedank- und Fischerfest.
Ralswiek: Störtebeker-Festspiele. Fünf Jahre lang vom 22. Juni bis zum 31. August täglich Mo–Sa 20 Uhr auf der Naturbühne am Großen Jasmunder Bodden (Auskunft und Kartenbestellungen unter Tel. 038 38/31 31 89).

■ Dezember
Bergen, Binz: Weihnachtsmarkt.

Abendstimmung vor Rügen.

TEXT- UND BILDNACHWEIS

Text: Jürgen Grambow.
Bilder: Archiv für Kunst und Geschichte, Berlin: Seiten 13 o., 14 u., 19 u.; Fritz Dressler, Worpswede: Seiten 1 M., 2 u., 4/5 u., 5 u., 6/7, 8 M., 10 o., 10 u., 13 u., 14 M., 17, 20, 28/29, 36, 38, 41 u., 45 o., 47, 48, 49 l.u., 49 r.o., 52/53, 58 u., 60 u., 62; Hauke Dressler, Bremen: Seiten 1 o., 1 u., 2 o., 3 (2), 4 o., 5 o., 8 o., 8 u., 9 (2), 10 l. M., 10/11 M., 11 u., 12, 15 o., 16, 18, 19 o., 21 (3), 22 (3), 22/23 o., 24 (2), 25 o., 26/27 o., 30 o., 30/31 u., 32, 33 (2), 34 (2), 35 o., 37 o., 39, 41 r.o., 43 o., 44, 45 u., 48/49 M., 49 r. u., 50 (2), 54 (2), 55, 56/57, 57 r.o., 58 o., 59 u., 60 o., 61 o.; Fremdenverkehrsverband Rügen/Gunther Reymann, Sellin: Seiten 31 r. u., 35 o., 37 u., 40/41 o., 42 u., 43 u. (2), 46 o. r., 61 u.; Frank Hecker, Kiel: Seite 25 u.; Historische Handwerkerstuben, Gingst, Sellin/Rügen: Seite 46 u.; Gerhard P. Müller, Dortmund: Seiten 23 u., 27 (2), 58 u.; Ingo Scheffler, Berlin: Seiten 14 o., 15 u., 17, 19 o., 20, 51, 63; Südstrand Burgtiefe Betreuungsgesellschaft mbH, Ostsee-Heilbad Berg auf Fehmarn: Seite 46 o. l.; «Wreecher Hof», Putbus-Wreechen: Seite 42 o. – Die Karten auf den Seiten 1, 31, 55, 56 und 57, im Einband hinten innen und außen zeichnete Astrid Fischer Leitl, München, das Tableau auf Seite 59 und die Kartenpiktogramme Marion Steidle, Feldkirchen.
Einbandmotive: Wissower Klinken auf Rügen (oben), auf Hiddensee (unten links), ein Fischer (unten rechts).

Alle Angaben dieses Bandes wurden sorgfältig recherchiert und auf Stimmigkeit und Aktualität geprüft. Allerdings kann keine Haftung für die Richtigkeit der Informationen übernommen werden. Für Hinweise sind wir jederzeit dankbar. Zuschriften an Südwest Verlag, Lektorat, Goethestraße 43, 80336 München.

Konzeption: Axel Schenck
Lektorat: Barbara Zander/Gabriele Kutscha · Graphische Gestaltung: Barbara Markwitz
Umschlag: Günther Herrmann, Hamburg
Herstellung: Angelika Kerscher, Armin Köhler
Redaktionsschluß: Januar 1996

Herausgeber: Falk-Verlag AG
© 1996 by Südwest Verlag GmbH & Co.KG, München
Alle Rechte vorbehalten
Repro: Layout & Grafik 1000 GmbH, München
Druck und Bindung:
EGEDSA S.A., E-Sabadell
ISBN 3-8279-0543-5

Der Fischfang spielt von jeher auf Rügen eine große Rolle.

STICHWORTVERZEICHNIS
Kursivierungen verweisen auf Abbildungen.

Altefähr	*8, 8*, 42
Altenkirchen	*8*, 8 f.
Angeln	45
Anreise	4
Ausflüge	54 ff.
Auskunft	58
Baabe	1, 2, *6/7*, 8, 9, 36, 37, *63*
Banken	59
Bergen	1, 9, 9 f., *30*, 42, 48
Binz	3, 10 f., *11*, 38, 42, 48, *61*
Bobbin	14, *15*
Breege-Juliusruh	11, *13*, 13, 34
Breetzer Bodden	26
Busverkehr	5
Diskotheken	40
Dornbusch	50
Essen und Trinken	36 ff., *37*, *38*, *39*
Feiertage	58
Feste und Veranstaltungen	61
Feuersteine	18, *51*
Freizeit, aktive	44. f., *45*
Freizeitkarte	Einband hinten außen
Fundbüro	58 f.
Gager	13
Garz	13, 48
Gingst	*14*, 14, *46*, 48 f.
Glowe	14, *15*
Göhren	14 f., 36, *48*, 49, *49*
Granitz, Jagdschloß	*10*, 49
Groß Zicker	49
Hagen	36, 43
Heimatabend	40
Herthasee	19, 33
Hiddensee	3, 16, *16*, 17, 42, 49 f., *52/53*, 54
IFA-Ferienpark»	43, *43*
Information	58
Informationsstellen	59 f.
Jasmund	1, 20
Jasmund, Nationalpark	32, 44
Kap Arkona	22, 23, 50, 54
Kinder	*46*, 46
Kino	40
Klein Zicker	37
Kleinbahn	5
Kloster	16, 38, 49 f., *50*
Königsstuhl	5, *18*, 18 f., *19*, 20, 60
Kreidefelsen	5, *19*, 33
Lancken-Granitz	*50*, 50
Lauterbach	*21*
Lietzow	16, 21, *31*
Lohme	21, 37
Medizinische Versorgung	58
Middelhagen	51
Mönchgut	*12*
Mukran	21, *51*, 51
Musik	41
Neuendorf-Plogshagen	16
Neukamp	*37*, 37
Notfälle	58
Öffentliche Verkehrsmittel	5
Öffnungszeiten	59
Pflanzen	59
Putbus	*21*, 21 f., 38, *41*, 43, 46
Putgarten	22
Radtouren	44
Ralswiek	*40*, *61*
Rasender Roland»	5, 13, *58*
Reiten	45, 46
Rugard	*10*, *48*, 48
Rügendamm	9
Sagard	23, 51
Saßnitz	*23*, 23 f.
Schaprode	*24*, 24, *25*, 38
Schiffsrundfahrten	5
Seedorf	37
Segeln	45
Sellin	*24*, 24 f., *28/29*, *35*, 38, *43*, *47*, 60
Souvenirs	*33*, *34*, 34 f., *35*
Spyker	25, *39*
Stralsund	9, *56*, *57*, 57, *63*
Stubbenkammer	*20*, 51
Tagestour	30 ff.
Tauchen	45
Tennis	45
Theater	*41*, 41
Thiessow	25 f., 37
Tiere	24, *25*, 59
Tips	Einband vorne innen
Touren auf den Inseln	5
Übernachten	*42*, 42 f., *43*
Vilm	26
Vitt	22, *27*, *35*, *38*, *54*, 55
Vitte	16, 38, 43, *52/53*, 58
Vorträge	41
Wanderungen	45
Wiek	26 f., *27*
Wittow	*27*, 27, 38
Zirkow	51
Zudar	27
Zugverbindung	4